색소폰의 情

Alto

최용균 편저

아름다운음악아름다운인생
AR 아름출판사

책 머리에 ...

우리나라도 문화생활의 향상과 더불어 색소폰을 좋아하거나 배우는 인구가 점점 늘고 있습니다.

낭만적인 색소폰의 음색에 반해서, 또는 불빛에 반짝이는 멋진 악기 모습에 반해서 시작하는 색소폰!

그런데 대부분의 사람들은 색소폰 입문과정에서의 힘든 연습과 갈등 과정을 지나면 "어떻게 하면 멋진 색소폰 연주를 할 수 있을까?"하는 욕구가 생기게 됩니다.

어느 정도 색소폰의 기본기가 완성된 후에 멋진 연주를 원한다면, 먼저 정확한 비브라토를 구사하는 능력을 키우십시오. 비브라토 없는 색소폰 연주는 무미건조하게 들리며 잘못 배운 비브라토는 서툰 화장처럼 어설픈 연주가 될 수밖에 없습니다.

그리고 연주자로서의 순발력을 키우십시오. 순수음악에서는 정확한 악보와 작곡자의 의도에 따른 곡의 해석에 충실하면 좋은 연주가 될 수 있으나 색소폰 연주는 기존의 가락과 코드, 전체적인 흐름을 보고 연주자의 순발력으로 기존의 가락을 데코레이션(페이크) 시킴으로 멋진 연주를 완성할 수 있기 때문입니다.

순발력을 키우는 것이 막연할지 모르지만 좋은 예로 '실 오스틴'이나 '부츠 랜돌프'등 유명 연주자들의 명연주를 들으면 도움이 될 것입니다.

이 책은 여러분이 꿈꾸는 "멋진 연주"에 도움을 주기 위해 만들었지만 이 책에 있는 악보대로만 연주하려는 고지식함을 버리고 기존 가락의 느낌을 해치지 않는 범위 내에서 가락의 변형을 구사하고, 코드스케일 등을 이용한 페이크의 시도로 순발력을 발휘하면 자신만의 개성이 넘치고 감동을 주는 멋진 연주를 완성할 수 있을 것입니다.

연주라는 것은 같은 곡을 연주해도 연주하는 사람이 다르면 곡에 대한 느낌도 달라지고, 심지어 한 사람이 같은 곡을 반복 연주해도 그 연주의 맛깔이 달라집니다.

그러므로 아무 생각 없이 독보에만 열중하지 말고, 항상 코드의 구성 음과 곡의 흐름, 스케일 등을 염두에 두고 지금 내가 왜 이렇게 연주 하고 있는지를 알고 있어야만 점점 멋진 연주가 완성되는 자신을 발견할 것입니다. 그러나 과도한 꾸미기와 불필요한 장식은 멋진 연주가 아니라 지저분한 연주가 되어 듣는 사람의 짜증을 유발한다는 것을 유념하시기 바랍니다.

끝으로 이 책이 색소폰을 사랑하는 모든 분들의 연주실력 향상에 도움이 된다면 더욱 좋은 내용으로 증보, 증편할 것을 약속드립니다.

편저자

곡을 연주하기 전에

　색소폰을 연주할 때 기본이 되는 연주 주법과 기호는 입문과정에서도 배우지만 색소폰 연주에 매우 중요하기에 여러분들에게 이 책에 사용된 연주 주법을 정리하여 제시하므로 다양한 곡들을 연습할 때 많은 도움이 되기를 바랍니다.

악상 기호

　(스타카토)
　음을 짧게 끊어서 연주한다.

　(악센트)
　음을 특히 세게 연주한다.

　(테누토)
　음 길이만큼 충분히 연주한다.

꾸밈음

<악보>　　　　　　　　　　<연주>

잔결 꾸밈음

돈 꾸밈음

글리산도

벤드

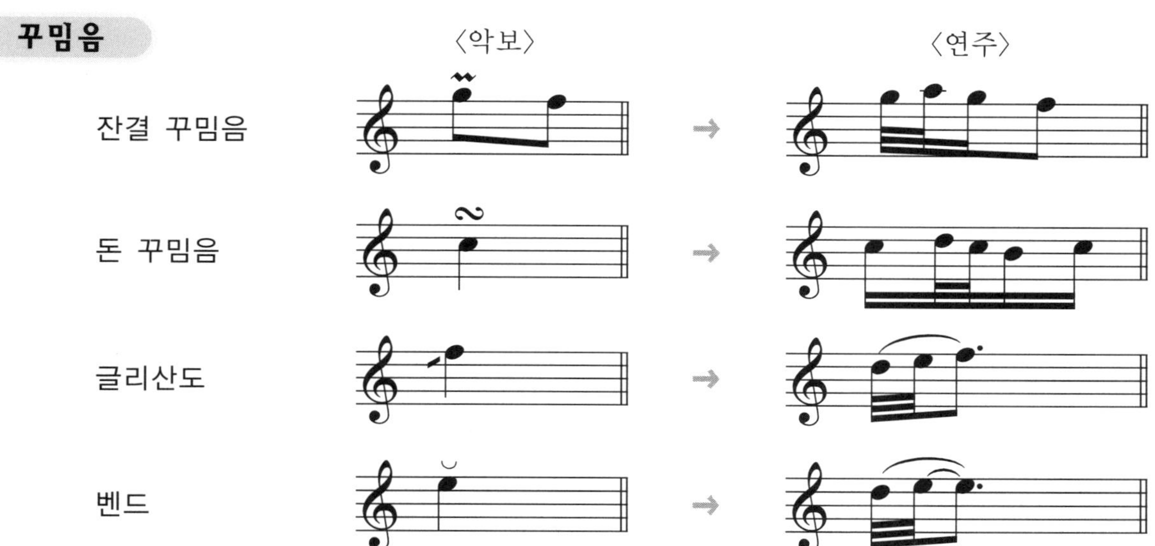

특수 주법

서브 톤(Sub-Tone) : 매우 소프트한 주법으로 마우스 피스를 문 상태에서 입술 양쪽으로 불필요한 호흡은 내보내며 적정량의 호흡만 불어넣으며 입술에 힘을 빼고 발음하면 바람소리와 함께 아주 연하고 부드러운 소리를 낼 수 있습니다. 실 오스틴이 '대니 보이' 인트로에 적용하여 유명해졌습니다.

칼 톤(Growling-Tone) : 매우 와일드한 주법으로 곡의 클라이막스 부분에 많이 적용됩니다. 악기에 바람을 불어 넣을 때 목소리를 섞어서 톤을 거칠게 만드는 주법입니다. 실 오스틴의 '대니 보이' 마지막 클라이막스에 쓰여졌으며 에이스 케논의 'When A Man Loves Woman'등의 인트로에 적용되어 색소폰 명곡이 된 주법입니다.

Contents

가슴 아파도

조은희 작사 | 신인수 작곡

28
31
34
37
40
43
46
rit.
49
a tempo
Solo
2.

가을비 우산 속

이두형 작사 | 백태기 작곡

강원도 아리랑
우리나라 민요
♩ = 142
Solo
3
Solo
3

25
29
33
37
41
Solo
44
3
47
D.S. No Rep
49

거위의 꿈

이적 작사 | 김동률 작곡

광화문 연가

이영훈 작사 | 이영훈 작곡

20
S
24
27
3
30
33
D.S.
37
Solo
41
rit.
Solo

그 남자 그 여자

류재현 작사 | 류재현 작곡

29
Solo
33
37
41
45
48
1.
52
2.
56
rit.

그런 사람 또 없습니다

강은경 작사 | 조영수 작곡

rit.

그리움만 쌓이네

여진 작사 | 여진 작곡

D.S. No Rep

그저 바라볼 수만 있다면

유익종 작사 ｜ 유익종 작곡

D.S.
Solo

꼬마 인형

장경수 작사 ㅣ 장욱조 작곡

꽃바람 여인

조승구 작사 | 김영철 작곡

꽃 밭 에 서

이종택 작사 | 이봉조 작곡

29
33
37
41
Solo
2.
6
45
49
D.S.
53
57

꽃을 든 남자

김정호 작사 | 김정호 작곡

나 그대에게 모두 드리리

나 하나의 사랑

손석우 작사 | 손석우 작곡

남자의 눈물

진시몬 작사 ｜ 진시몬 작곡

낙인

김종천 작사 | 최철호 작곡

Solo
D.S. No Rept
D.S. No Rept

너를 위해

채정은 작사 | 신재홍 작곡

D.S.

내일이 찾아와도

오춘복 작사 | 오동식 작곡

님은 먼 곳에

유호 작사 | 신중현 작곡

당신은 사랑받기 위해 태어난 사람

이민섭 작사 | 이민섭 작곡

돌아와요 부산항에

황선우 작사 | 황선우 작곡

들리나요

임보경 작사 | 이상준 작곡

rit.

맨 처음 고백

송창식 작사 | 송창식 작곡

미움인지 그리움인지

정욱 작사 | 정풍송 작곡

민들레 홀씨 되어

김정신 작사 | 김정신 작곡

보슬비 오는 거리

전우 작사 | 김인배 작곡

백년의 약속

김종환 작사 | 김종환 작곡

D.S.
Solo
rit.

백만 송이 장미

심수봉 작사 | 외국곡

27
31
35
37
D.S.
39
43
47
50
3x times

보고 싶다

윤사라 작사 | 윤일상 작곡

1.
2.
Solo
rit.

비나리

심수봉 작사 ｜ 심수봉 작곡

비와 외로움

빗속의 여인

신중현 작사 | 신중현 작곡

사랑밖에 난 몰라

심수봉 작사 | 심수봉 작곡

사랑 안해

차은택 작사 | 박근태 작곡

58
사랑보다 깊은 상처
최원석 작사 | 신재홍 작곡
♩ = 65
Solo
Sub Tone
4
8
11
14
17
20

rit.

사랑을 위하여

김종환 작사 | 김종환 작곡

사랑의 눈동자

김영복 작사 | 김영복 작곡

사랑한 후에

강은경, 최갑원 작사 | 황세준, 김도훈 작곡

D.S. No Rept
rit.

사랑할수록

김태원 작사 | 김태원 작곡

28
1.
32
36
2.
Solo
40
43
1.
46
2.
50
54

숨어 우는 바람 소리

김지평 작사 | 김욱 작곡

25
28
31
35
39
43
47
49
D.S.

슬픈 인연

AGI YOKO 작사 | UZAKI RYUDO 작곡

D.S. No Rept

섬마을 선생님

이경재 작사 | 박춘석 작곡

아직도 못 다한 사랑

한정선 작사 | 한정선 작곡

안 개

박현 작사 | 이봉조 작곡

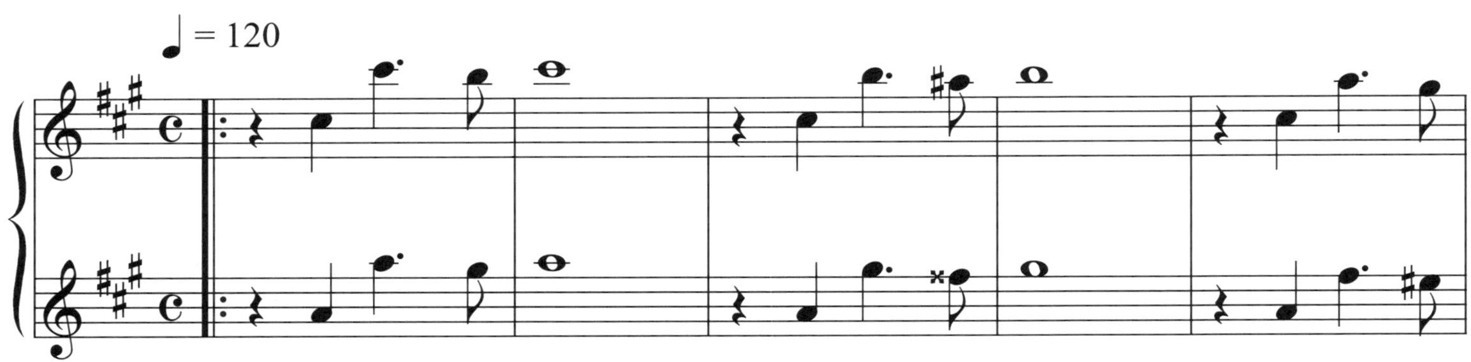

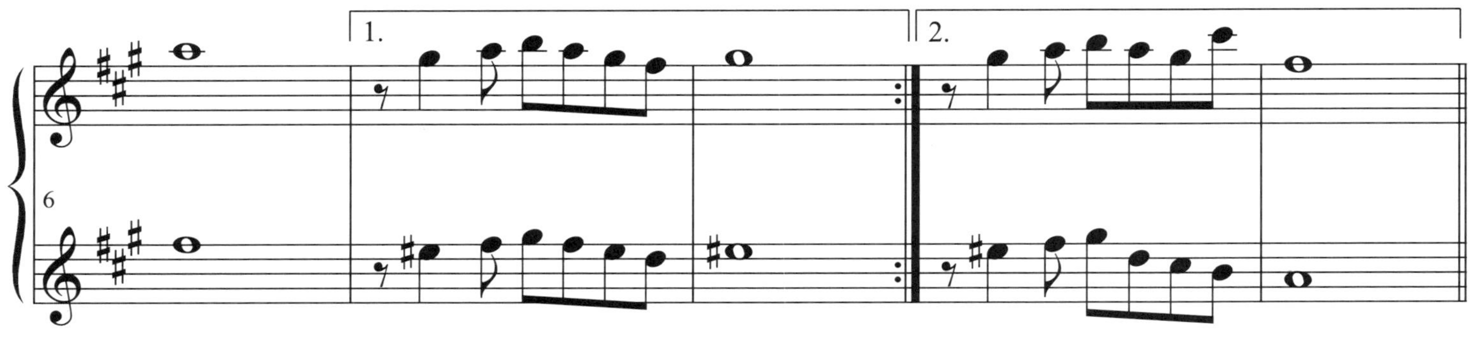

애모

유영건 작사 ｜ 유영건 작곡

26
29
32
3
35
3
3
39
42
D.S.
46
rit.

애인 있어요

최은하 작사 | 윤일상 작곡

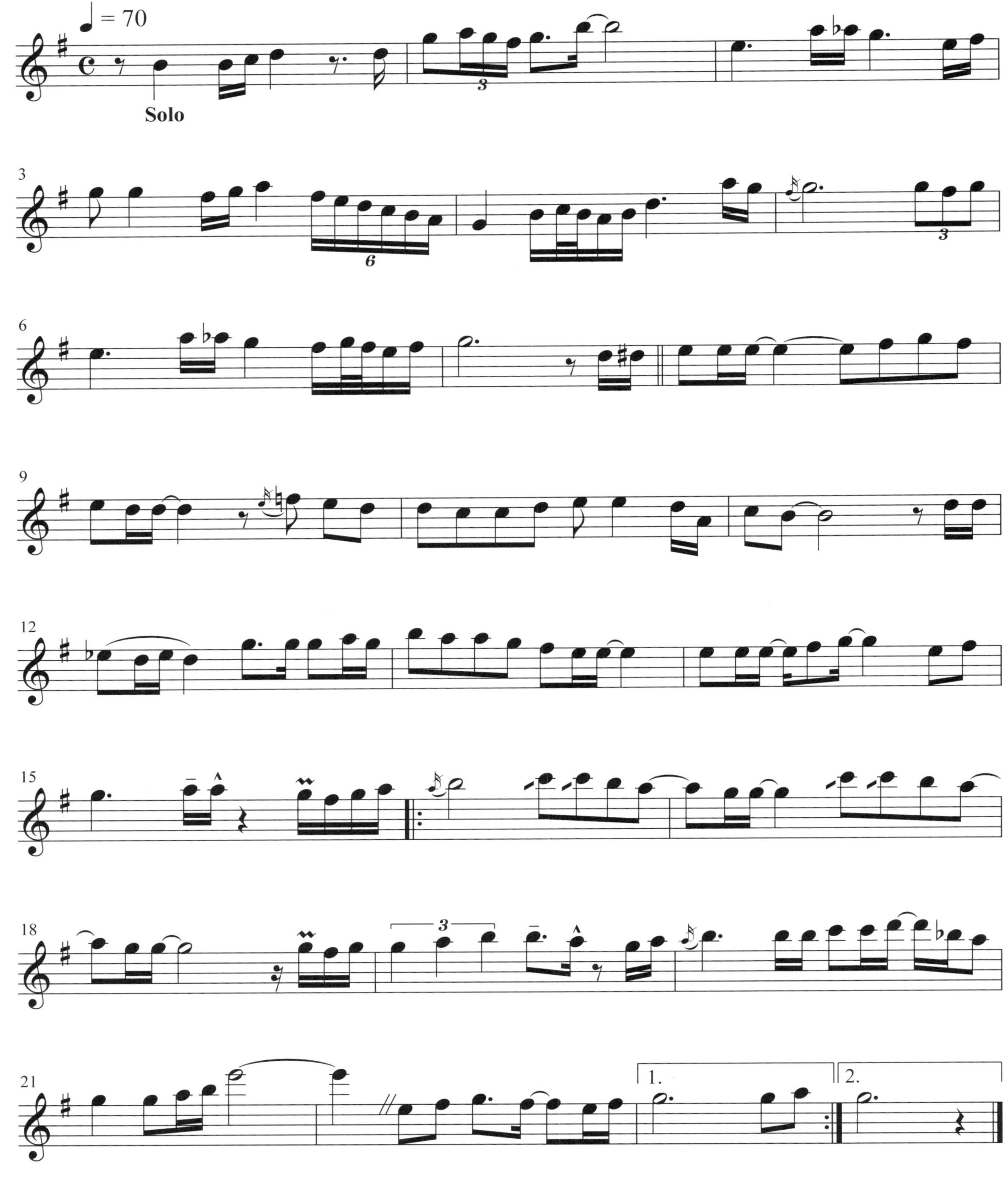

울어라 열풍아

한산도 작사 | 백영호 작곡

이별의 끝은 어디인가요

함경문 작사 | 이시우 작곡

제비

연경 작사 ㅣ 외국곡

죽어도 못 보내

Hitman Bang 작사 | Hitman Bang 작곡

처음 그날처럼

김형석 작사 | 김형석 작곡

D.S.

처음부터 지금까지

류 작사 | 오석준, 유해준 작곡

21
24
27
2.
Solo
30
33
36
38
41

첫눈이 온다구요

김정신 작사 | 이정석 작곡

친구여

하지영 작사 | 이호준 작곡

카사블랑카

최헌 작사 | 김기표 작곡

D.S. No Rept

카스바의 여인

장경수 작사 | 이호섭 작곡

해후

최성수 작사 | 최성수 작곡

허공

화장을 고치고

최준영 작사 | 임기훈, 최준영 작곡

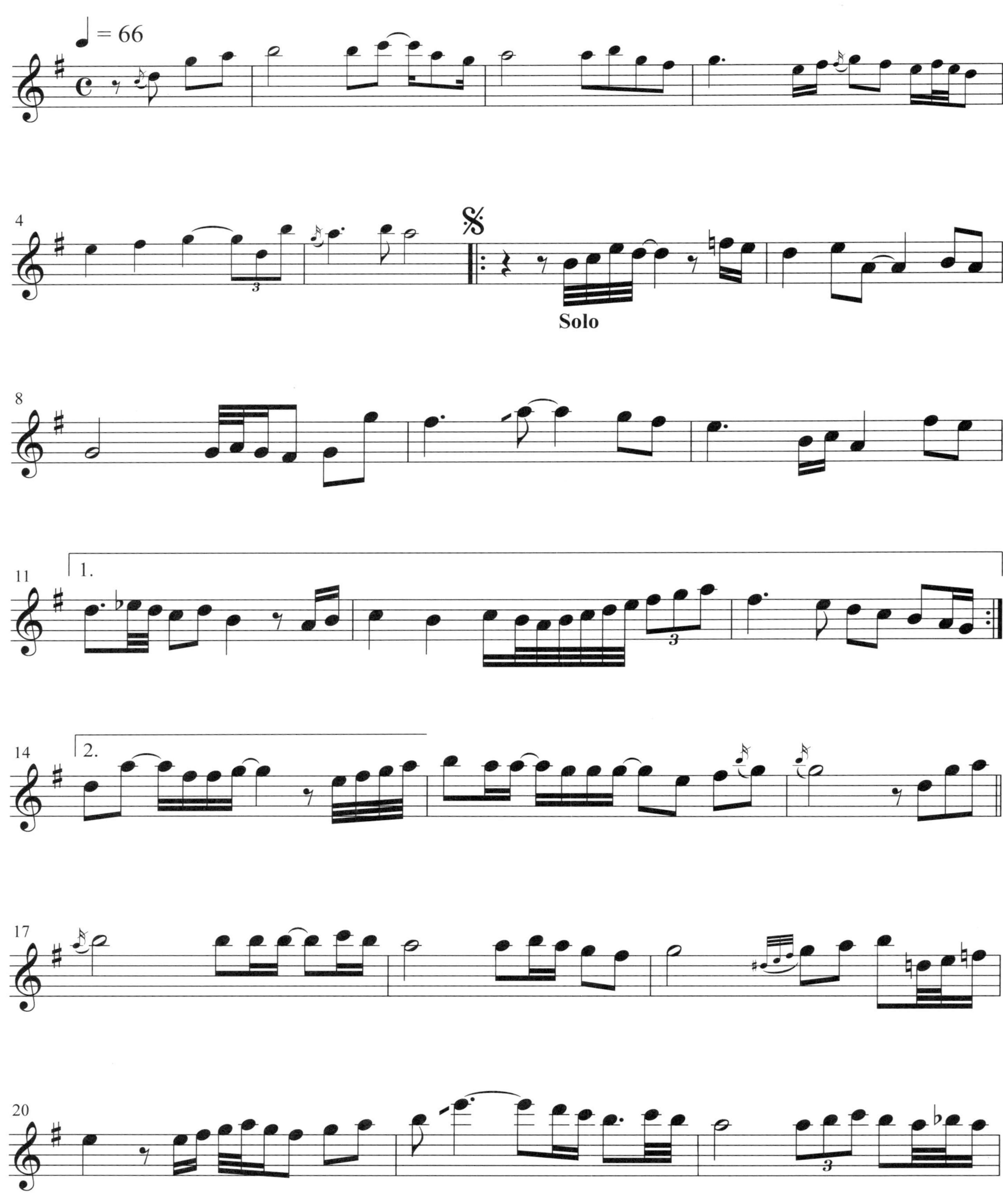

D.S. No Rept
rit
In Tempo

향수

정지용 작사 | 김희갑 작곡

32
37
40
43
46
50
54
58
rit.

가방을 든 여인

Mario Nascimbene 작곡

검은 상처의 부루스

박춘석 작사 | 외국곡

노 엘

Pat Boone 작곡

밤안개 속의 데이트 (La Playa)

Jo Van Wetter 작곡

사랑의 기쁨

J. Martini 작곡

작은 꽃

Sidney Bechet 작곡

1.
2.
rit.

적과 흑의 블루스

Yoshida Tadashi 작곡

해변의 길손

Acker Bilk 작곡

He'll Have To Go

Audrey Allison, Joe Allison 작곡

1 Really Don't Want To Know

Howard Barnes, Don Robertson 작곡

My Last Date

Floyd Cramer 작곡

My Way

Paul Anka, Claude Francois, Jacques Revaux, Gilles Thibaut 작곡

Sail Along Silvery Moon

D.S.

When A Man Loves A Woman

Calvin Lewis, Andrew Wright 작곡

White Christmas

Bing Crosby 작곡

Yakety Sax

Boots Randolph, James Rich 작곡

D.C.

You Raise Me Up

Rolf Lovland, Brendan Graham 작곡

rit.

편저자/최용균

- 육군본부군악대 전역
- 그룹 "죠커스" 활동
- 코리안팝스 색소폰 수석
- 김하정, 전가연, 현인가요제(09년, 10년도 분) 등
  녹음세션 다수 참여
- 아름출판사 주편곡자
- 현 육본군악 전우회장
- 현 케이블TV(i-net, 실버, 월드, 아름, 복지방송)악단 색소폰 수석

개인 및 단체, 원포인트 레슨 문의 전화 : 011-9869-9301
(학습 중 질문 있는 분, 연락하시면 성의를 다해 답변 드리겠습니다.)

색소폰의 情 〈Alto〉

Copyright ⓒ2010 A-Reum Pub. Co. Allrights Reserved.

발 행 일 2010년 9월 20일
발 행 인 성강환
편 저 자 최용균
편 집 인 편집부

값 12,000원

발 행 처 아름출판사
주   소 경기도 고양시 일산동구 중산동 1584-2
http://www.armusic.co.kr
전   화 1588-1743(대표)   (031)977-1881~2(영업부)
(031)977-1883~4(편집부)   FAX.(031)977-1885
등   록 1987년 12월 9일 제2001-7호

본 도서는 무단 복사, 전재할 수 없음(파본은 교환해 드립니다)

ISBN 978-89-8377-642-6   13670